鄂北地区水资源配置工程

出土文物精粹

湖北省文物局 编著

张 君 宋贵华 主编

胡长春 王玉杰 副主编

科学出版社
北京

内 容 简 介

　　鄂北地区水资源配置工程是为从根本上解决鄂北地区干旱缺水问题的重大战略民生工程。为配合鄂北地区水资源配置工程实施，湖北省文物局与鄂北地区水资源配置工程建设与管理局（筹）紧密配合，依法、依规组织开展与实施工程区域内的文物保护工作。本书是一部展现鄂北地区水资源配置工程考古工作发掘出土文物的图集，汇集工程涉及的 33 处文物点考古发掘出土的近 200 件旧石器时代至明清时期的石器、陶器、铜器、瓷器、金银器、铁器、其他等各类精美文物，展示了鄂北地区深厚的历史文化底蕴。图集不仅为考古学家和历史爱好者提供了珍贵的研究资料，也为公众了解鄂北地区的历史文化提供了直观的窗口。

　　本书可供考古学、历史学等学科研究者，以及高等院校相关专业师生和广大文物考古爱好者阅读、参考。

图书在版编目（CIP）数据

　　鄂北地区水资源配置工程出土文物精粹 / 湖北省文物局编著；张君，宋贵华主编. -- 北京：科学出版社，2024.11. -- ISBN 978-7-03-079842-8

　Ⅰ. K873.632

中国国家版本馆CIP数据核字第20247RX678号

责任编辑：王光明／责任校对：邹慧卿
责任印制：肖　兴／书籍设计：北京美光设计制版有限公司

科学出版社 出版
北京东黄城根北街16号
邮政编码：100717
http://www.sciencep.com
北京华联印刷有限公司印刷
科学出版社发行　各地新华书店经销

*

2024年11月第　一　版　　开本：889×1194　1/16
2024年11月第一次印刷　　印张：13 1/2
字数：389 000

定价：268.00元

（如有印装质量问题，我社负责调换）

前　言

　　鄂北地区指湖北省襄阳、随州、孝感三市北部地区。鄂北地区水资源配置工程，以丹江口水库为水源，以丹江口水库清泉沟隧洞为起点，途经襄阳市老河口、襄州、枣阳，随州市随县、曾都、广水等县市区，东至孝感市大悟县王家冲水库，输水线路总长269.67千米。2015年10月，工程全面开工建设，是2015年全国开工的27项重大水利建设项目中投资额度最大的重点工程、"2015年度全国有影响力十大水利工程"、湖北省"一号工程"。工程的建成将极大改善鄂北地区长期缺水的状况，对当地的经济社会发展带来深远影响。

　　为配合该工程实施，湖北省文物局、鄂北地区水资源配置工程建设与管理局（筹）紧密配合，坚持相互合作、相互发展的理念，依法依规组织开展与实施工程区域内的文物保护工作。2016年5月起，湖北省文物局组织湖北省文物考古研究所（现湖北省文物考古研究院）、武汉市文物考古研究所、武汉大学、中国人民大学、南京大学等省内外18家单位对工程涉及的33处文物点开展了考古发掘。这也是湖北省内继三峡、南水北调工程考古大会战后，又一次组织开展的考古大会战，为工程顺利实施提供了有力支持。

　　本图录撷取了此次考古工作发掘出土的近200件精美文物，以材质为纲，按照石器、陶器、铜器、瓷器、金银器、铁器、其他的顺序分别进行介绍。这些文物展示了鄂北地区深厚的历史底蕴和丰富的文化内涵，更是我国"百万年的人类史、一万年的文化史、五千多年的文明史"的有力实证。

目 录

石器

陶器

新石器时代

周代

汉代

宋代

明清时期

铜器

瓷器

金银器

汉代

南北朝时期

铁器

南北朝时期

明清时期

其他

南北朝时期

石器

石砍砸器

旧石器时代

小孙庄采集

石核

旧石器时代
小孙庄采集

石斧

新石器时代
河里杜家H19出土

石斧

新石器时代
河里杜家H15出土

石刀

新石器时代
河里杜家H23出土

石磨盘

新石器时代
河里杜家H5出土

石磨棒

新石器时代
河里杜家H17出土

石斧

周代

南大堰T0510出土

石斧

周代

南大堰T0511G13出土

石斧

周代

宋湾TN1W1出土

石锛

周代
宋湾TN4W3出土

石凿

周代
小王堰H10出土

石镞

周代
墓子地H16出土

陶
器

陶杯

新石器时代
白毛庄H13出土

陶鼎

周代

机场村M3出土

陶鼎

周代

机场村M3出土

陶鼎

周代
机场村M3出土

陶鬲

周代

狮子湾H22出土

陶鬲

周代
狮子湾H22出土

陶鬲

周代

狮子湾H22出土

陶鬲

周代
白毛庄H2出土

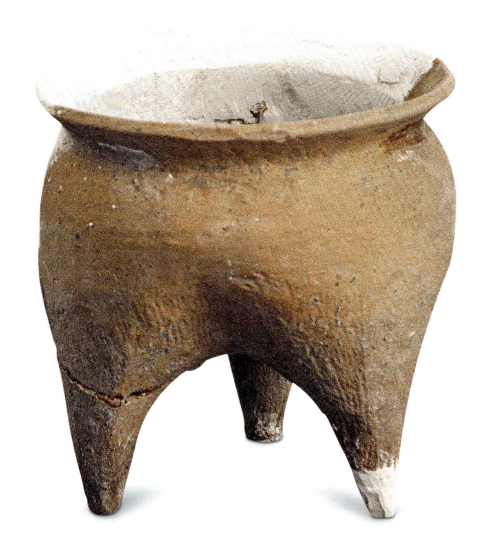

陶鬲

周代

白毛庄H15出土

陶鬲

周代

白毛庄H2出土

陶鬲

周代

宋湾H14出土

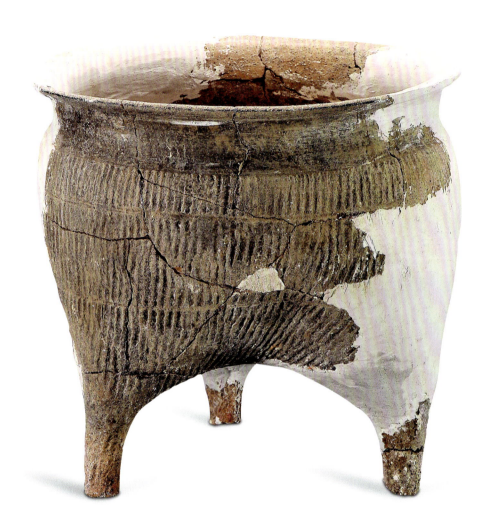

陶鬲

周代
宋湾TN3W3出土

陶鬲

周代

宋湾J2出土

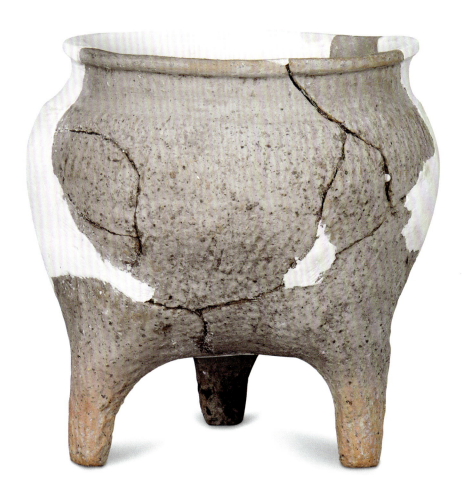

陶鬲

周代
小王堰H10出土

陶鬲

周代

小王堰H10出土

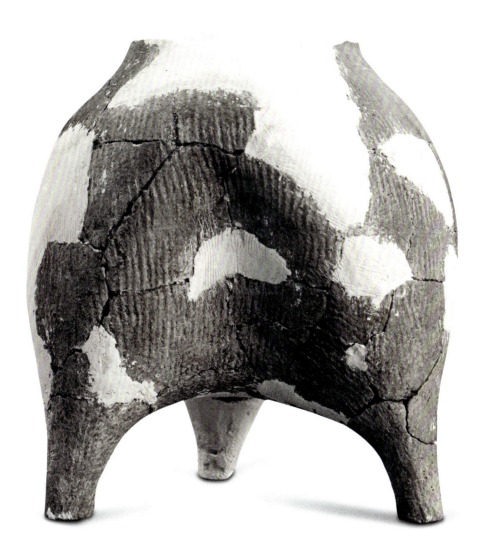

陶鬲

周代
白毛庄H2出土

陶鬲

周代

小王堰H10出土

陶盆

周代

狮子湾H22出土

陶盆

周代

狮子湾H22出土

陶盆

周代
白毛庄H14出土

陶盆

周代

宋湾H14出土

陶盆

周代
小王堰H10出土

陶盂

周代

小王堰H10出土

陶盂

周代

小王堰H10出土

陶盂

周代

机场村M1出土

陶盂

周代

机场村M1出土

陶盂

周代

机场村M6出土

陶盂

周代
机场村M10出土

陶盂

周代
机场村M10出土

陶盂

周代
宋湾TN1W1出土

陶壶

周代
机场村M3出土

陶壶

周代
机场村M7出土

陶双耳罐

周代
机场村M1出土

陶双耳罐

周代
机场村M6出土

陶双耳罐

周代
机场村M8出土

陶双耳罐

周代
南大堰H12出土

陶罐

周代

宋湾J2出土

陶豆

周代
宋湾H5出土

陶豆

周代
宋湾H5出土

陶豆

周代
小王堰H6出土

陶豆

周代
小王堰H10出土

陶盖豆

周代
机场村M7出土

陶盖豆

周代
机场村M7出土

陶杯

周代
机场村M3出土

陶杯

周代

机场村M7出土

陶斗

周代
机场村M3出土

陶斗

周代

机场村M3出土

陶拍

周代
墓子地H4出土

陶拍

周代
上寨H51出土

陶垫

周代

宋湾TN4W3出土

陶纺轮

周代

宋湾TN6W3出土

陶纺轮

周代

宋湾TN3W3出土

陶纺轮

周代

小王堰H6出土

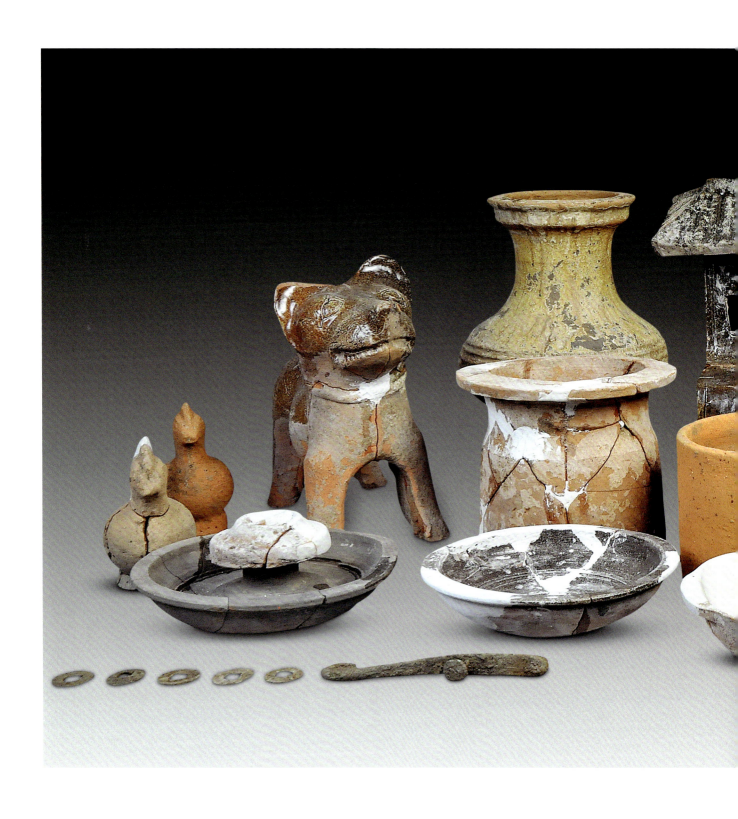

车屋程家M1出土器物

汉代

车屋程家M8出土器物

汉代

陶鼎

汉代

鲁城河M14出土

陶鼎

汉代

纪洪北岗M8出土

陶壶

汉代

鲁城河M12出土

陶壶

汉代
车屋程家M1出土

陶双耳罐

汉代
纪洪北岗M5出土

陶双耳罐

汉代
纪洪北岗M5出土

陶双耳罐

汉代
纪洪北岗M5出土

陶双耳罐

汉代
车屋程家M8出土

陶双耳罐

汉代
车屋程家M8出土

陶双耳罐

汉代
墓子地J1出土

陶双耳罐

汉代
墓子地J1出土

陶双耳罐

汉代
墓子地J1出土

陶双耳罐

汉代
墓子地J1出土

陶双耳罐

汉代
墓子地J1出土

陶双耳罐

汉代
鲁城河M10出土

陶双耳罐

汉代
鲁城河M14出土

陶罐

汉代
鲁城河M12出土

陶罐
汉代
纪洪北岗M5出土

陶瓮
汉代
鲁城河M14出土

陶仓

汉代

车屋程家M1出土

陶仓

汉代
车屋程家M8出土

陶仓

汉代

鲁城河M12出土

陶仓

汉代

纪洪北岗M6出土

陶鐎斗

汉代

车屋程家M8出土

陶盉

汉代

车屋程家M1出土

陶盘

汉代

车屋程家M1出土

陶耳杯

汉代

纪洪北岗M8出土

陶井

汉代

车屋程家M1出土

陶井

汉代
车屋程家M16出土

陶井

汉代
纪洪北岗M5出土

陶井

汉代
墓子地J1出土

陶磨

汉代

车屋程家M1出土

陶磨

汉代

车屋程家M8出土

陶磨

汉代

纪洪北岗M6出土

陶碓

陶碓

汉代
田坡湾M5出土

陶灶

汉代
车屋程家M1出土

陶灶

汉代

车屋程家M8出土

陶灶

汉代
纪洪北岗M6出土

陶灶

汉代
纪洪北岗M8出土

陶灶

汉代
鲁城河M14出土

陶灯

汉代
纪洪北岗M5出土

陶灯

汉代
纪洪北岗M8出土

陶博山炉式盖

汉代

纪洪北岗M5出土

陶圈

汉代

车屋程家M1出土

陶圈

汉代

纪洪北岗M8出土

陶豬

汉代

田坡湾M5出土

陶豬

汉代

纪洪北岗M5出土

陶狗

汉代
车屋程家M1出土

陶狗

汉代
车屋程家M1出土

陶狗

汉代
纪洪北岗M6出土

陶狗

汉代
纪洪北岗M6出土

陶狗

汉代
田坡湾M5出土

陶鸡

汉代

车屋程家M1出土

陶鸡

汉代
纪洪北岗M5出土

陶鸡

汉代
纪洪北岗M6出土

陶鸡

汉代
车屋程家M1出土

铭文墓砖

汉代
纪洪北岗墓群出土

陶瓷

宋代
水寨子W1出土

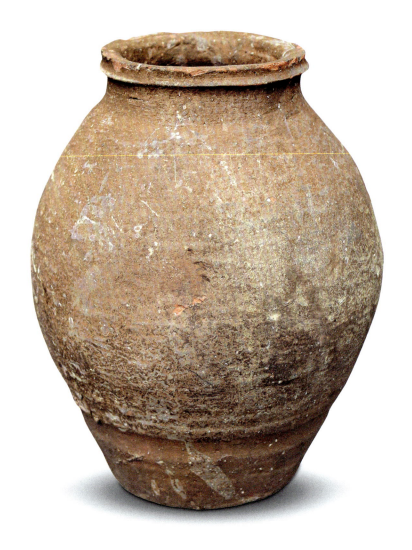

陶罐

宋代

韩冲M10出土

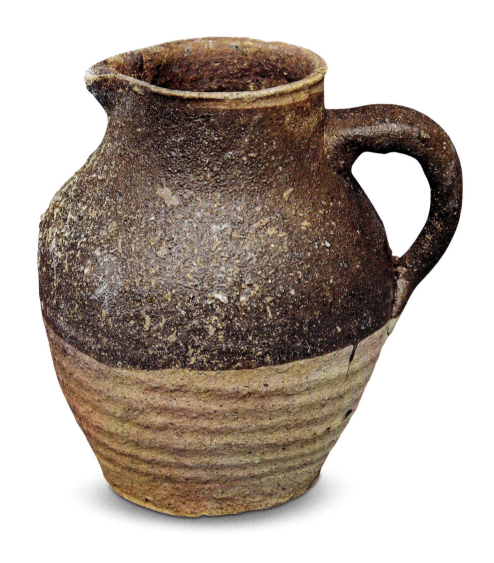

陶单耳罐

明清时期
韩冲M11出土

陶单耳罐

明清时期
韩冲M12出土

陶罐

明清时期
韩冲M19出土

铜器

铜刀币

周代

上寨H30出土

铜削刀

周代

小王堰H10出土

铜洗

汉代
车屋程家M8出土

铜镜

汉代

田坡湾M5出土

铜镜

汉代
鲁城河M10出土

铜镜

汉代
纪洪北岗M5出土

铜带钩

汉代

车屋程家M1出土

铜带钩

汉代

车屋程家M8出土

铜伞帽

汉代
鲁城河M11出土

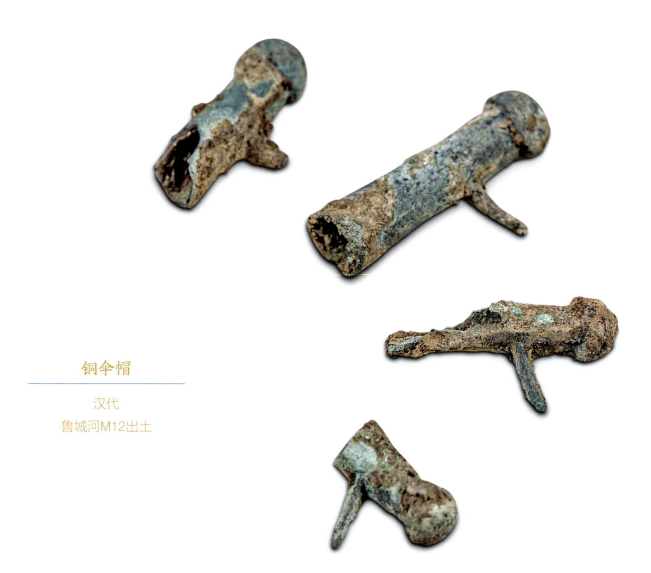

铜伞帽

汉代

鲁城河M12出土

鎏金铜饰

汉代
纪洪北岗M6出土

"大泉五十"铜钱

汉代

鲁城河M14出土

"五铢"铜钱

汉代
河里杜家M4出土

"五铢"铜钱

汉代
河里杜家M7出土

铜镜

南北朝时期
大汪家湾墓地北区M11出土

铜钗

南北朝时期
大汪家湾墓地北区M17出土

铜耳坠

南北朝时期
大汪家湾墓地北区M7出土

铜镯

南北朝时期
大汪家湾墓地北区M8出土

铜镯

南北朝时期
大汪家湾墓地北区M8出土

铜镯

南北朝时期
大汪家湾墓地北区M8出土

铜镯

南北朝时期
大汪家湾墓地北区M13出土

铜镯

南北朝时期
大汪家湾墓地北区M13出土

铜镯

南北朝时期
大汪家湾墓地北区M15出土

铜指环

南北朝时期
大汪家湾墓地北区M20出土

"五铢"铜钱

南北朝时期
大汪家湾墓地北区M10出土

"五铢"铜钱

南北朝时期

大汪家湾墓地北区M11出土

"五铢"铜钱

南北朝时期

大汪家湾墓地北区M15出土

"五行大布"铜钱

南北朝时期

大汪家湾墓地北区M1出土

"布泉"铜钱

南北朝时期

大汪家湾墓地北区M2出土

铜匜

宋代
南大堰M2出土

嵌绿松石铜戒指

宋代
李沟M1出土

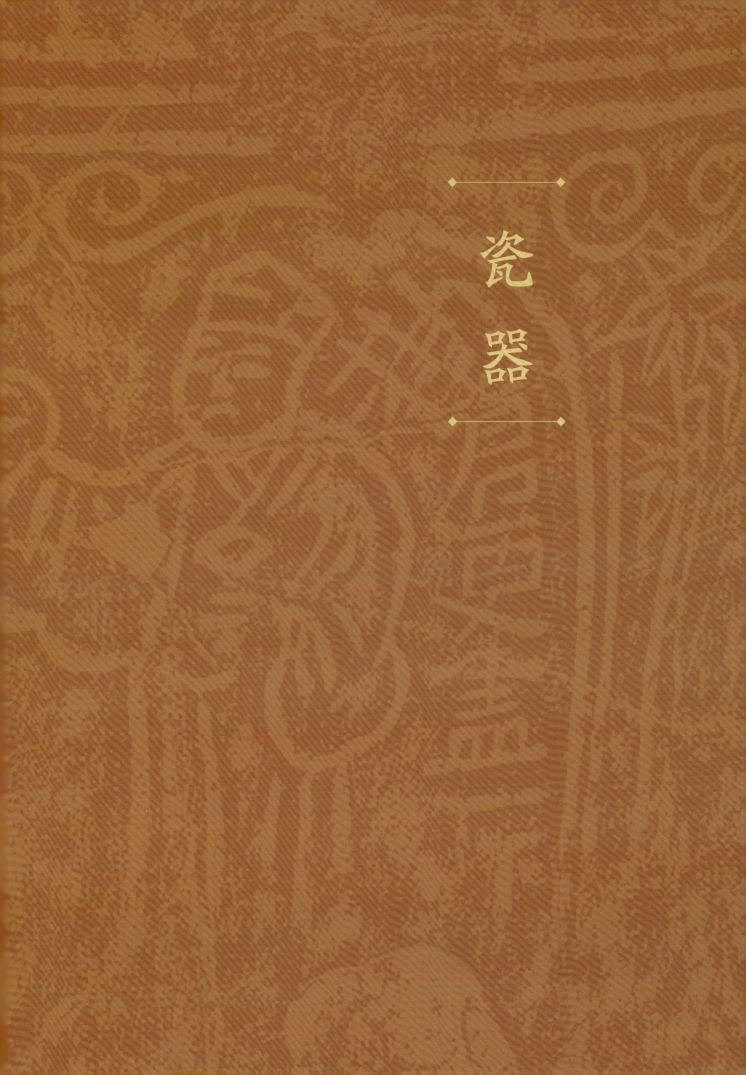

瓷器

瓷四系盘口壶

南北朝时期
大汪家湾墓地北区M8出土

瓷四系盘口壶

南北朝时期
大汪家湾墓地北区M15出土

瓷罐

南北朝时期
大汪家湾墓地北区M1出土

瓷四系罐

南北朝时期
大汪家湾墓地北区M17出土

瓷四系罐

南北朝时期
大汪家湾墓地北区M23出土

瓷四系罐

南北朝时期
大汪家湾墓地北区M24出土

瓷碗

南北朝时期
大汪家湾墓地北区M19出土

瓷碗

唐代
小王堰TN03E02出土

瓷碗

唐代

小王堰TN03E03出土

瓷碗

宋代
河里杜家Y3出土

瓷碗

宋代
河里杜家Y3出土

瓷碗

宋代
水寨子W1出土

瓷罐

明清时期
鲁城河M8出土

瓷碗

明清时期

韩冲M2出土

瓷碗

明清时期
韩冲M15出土

青花瓷碗

明清时期
韩冲M1出土

青花瓷碗

明清时期
韩冲M9出土

金银器

金戒指

汉代
小孙庄M1出土

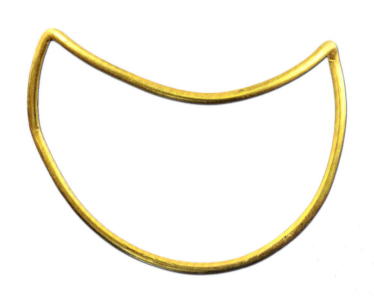

金镯

汉代
小孙庄M1出土

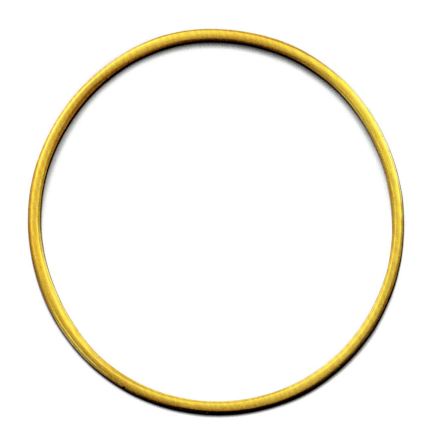

金镯

汉代

小孙庄M1出土

金丝

南北朝时期
大汪家湾墓地北区M7出土

银钗

南北朝时期
大汪家湾墓地北区M8出土

银钗

南北朝时期
大汪家湾墓地北区M13出土

银钗

南北朝时期
大汪家湾墓地北区M15出土

银钗

南北朝时期
大汪家湾墓地北区M15出土

银镯

南北朝时期
大汪家湾墓地北区M24出土

银镯

南北朝时期
大汪家湾墓地北区M28出土

铁器

铁刀

南北朝时期
大汪家湾墓地北区M2出土

铁刀

南北朝时期
大汪家湾墓地北区M7出土

铁刀

南北朝时期
大汪家湾墓地北区M10出土

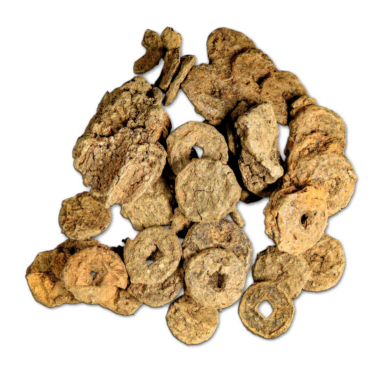

铁钱

南北朝时期
大汪家湾墓地北区M7出土

铁钱

南北朝时期
大汪家湾墓地北区M8出土

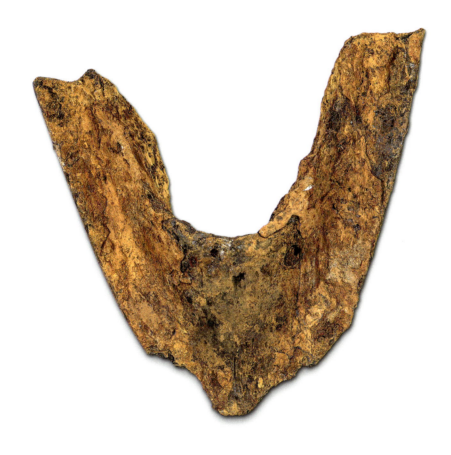

铁犁铧

明清时期
鲁城河M8出土

其他

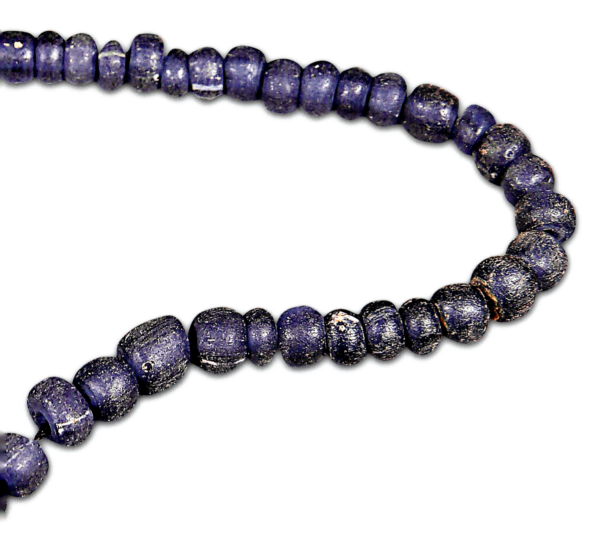

串珠

南北朝时期
大汪家湾墓地北区M7出土

串珠

南北朝时期
大汪家湾墓地北区M7出土

串珠

南北朝时期
大汪家湾墓地北区M43出土

串珠

南北朝时期
大汪家湾墓地北区M24出土

串珠

南北朝时期
大汪家湾墓地北区M24出土

后 记

　　鄂北地区水资源配置工程的考古发掘工作，自始至终是在湖北省文物局的坚强领导、组织下，在省内外18家考古文博单位以及襄阳市、随州市等地各级人民政府的大力协调、协作下完成的。鄂北地区水资源配置工程建设与管理局（筹）为考古工作的顺利开展和实施提供了经费支持。在此，一并致以崇高的敬意和衷心的感谢！

　　由于编者水平有限，书中不足之处在所难免，敬请各位领导和专家批评指正。

编　者

2024年3月

202